ÉTUDE

SUR

L'ARCHITECTE

DU XIe AU XVIIIe SIÈCLE

PAR M. LEFORT

ARCHITECTE EN CHEF DU DÉPARTEMENT DE LA SEINE-INFÉRIEURE

ROUEN

IMPRIMERIE DE ESPÉRANCE CAGNIARD

rues Jeanne-Darc, 88, et des Basnage, 5

—

1885

ÉTUDE SUR L'ARCHITECTE

DU XIe AU XVIIIe SIÈCLE

PAR M. LEFORT

ARCHITECTE EN CHEF DU DÉPARTEMENT DE LA SEINE-INFÉRIEURE

MESSIEURS,

L'Académie de Rouen conserve une tradition pleine de courtoisie, c'est d'admettre dans sa compagnie les architectes du département de la Seine-Inférieure. Après mes prédécesseurs, dont le mérite du moins justifiait l'honneur qu'ils recevaient de vous, vous voulez bien m'offrir la même hospitalité, me compter au nombre des vôtres, et m'admettre, pour une parcelle, à cette réputation discrète et solide, à cette considération si ancienne et si justifiée dont vous êtes entourés dans notre province. Et si vous avez pensé que le commerce d'hommes de science et d'étude, qui tous sont hommes de goût, pouvait souvent inspirer nos travaux et guider nos recherches, nous vous demanderons à notre tour de ne pas nous refuser vos conseils, sûr que nous sommes de vos encouragements.

J'ai tout d'abord, Messieurs, à vous remercier de vos suffrages; j'en retiendrai le souvenir de votre bienveillant accueil, de votre indulgence à mon égard, et aussi de l'estime dans laquelle vous tenez l'art de l'architecte. C'est cette estime qui a fixé votre opinion et déterminé vos préférences; et s'il est indispensable que, dans la vie ordinaire, l'honorabilité de la profession soit rigidement sauvegardée, rien n'est plus agréable que de constater, pour l'art que l'on aime, cette bonne opinion unanime, ce parfum d'estime, pour ainsi dire, d'essence plus subtile même que l'honorabilité stricte, à laquelle tout le monde doit atteindre sans distinction de profession.

Nous sommes d'autant plus sensible à votre témoignage d'estime, que la part des architectes dans l'opinion publique est généralement l'indifférence. Le monde s'occupe du moindre livre, de la plus insignifiante comédie; il veut être tenu au courant des faits et gestes des peintres et des sculpteurs, assez souvent des musiciens : qui songe jamais aux architectes? Combien de personnes savent que le vieux Louvre est de Pierre Lescot, et le Palais de Justice de Rouen, de Roulland le Roux?

Reconnaissons que l'art de l'architecte échappe à la compétence de la foule, bien qu'elle soit fort apte à donner son appréciation sur les édifices que cet art élève; mais il faut un apprentissage simplement pour lire un plan, et une éducation spéciale est nécessaire pour en découvrir les qualités.

Il n'est donc pas étonnant que les architectes n'aient pas leurs historiens, comme les peintres et les sculpteurs. Essayons, toutefois, de montrer ce que pouvaient être, dans la société de leur époque, les auteurs des monuments admirables qui ont poussé partout sur notre sol.

Au commencement du moyen âge, les laïques étaient, ou seigneurs ou manants, tout entiers au métier des armes ou aux industries relatives aux besoins de la vie matérielle; le clergé seul possédait la sécurité nécessaire à la culture des sciences, des lettres et des arts.

Les premiers architectes français furent donc des évêques ou des moines; ils s'appliquèrent à donner aux édifices élevés par le clergé la structure, la composition, le caractère, en un mot, répondant à un programme déterminé. Au contraire, les habitations laïques n'étaient, sous les Mérovingiens et les Carlovingiens, que de simples abris d'une construction rudimentaire ; les palais des rois barbares, malgré les descriptions pompeuses des contemporains, ne différaient des maisons du peuple que par l'amplitude des dimensions et le prix des matériaux; ils n'étaient pas même pavés ni carrelés; et les pieds des habitants étaient protégés contre le froid du sol par un lit de paille, ainsi que cela se passe en hiver, encore aujourd'hui, dans les voitures « omnibus » de Boisguillaume et de Quincampoix.

Les architectes ne dédaignaient pas de travailler de leurs mains. Lors de la construction de l'abbaye du Bec, en 1033, le fondateur et le premier abbé de ce monastère, Herluin, tout grand seigneur normand qu'il était, prit part aux travaux comme un simple maçon, portant la chaux, le sable et la pierre. (Lenoir, *Arch. monastiques.*)

Le XIe siècle, qui était né de la grande terreur de l'an mil, fut comme un premier réveil de la civilisation. Les actions de grâce se traduisirent, comme l'avait fait l'épouvante, par d'innombrables donations aux abbayes. Cîteaux, Clairvaux, Cluny fondèrent de tous côtés des colonies monastiques riches et prospères, et fournirent l'occasion à de nombreux artistes d'édifier pendant ce siècle et le suivant les monuments qui font notre admiration. Jumièges, Saint-Wandrille, Saint-Georges-de-Boscherville, pour ne citer que les œuvres les plus célèbres dans notre seul département, témoignent du talent et de la hardiesse de leurs auteurs. Ces architectes surent traduire, pour des besoins nouveaux, les traditions et les procédés de construction des édifices romains debout ou en ruines qu'ils avaient encore sous les yeux.

Au XIIe siècle, la royauté et les communes s'organisent ; elles ont besoin d'édifices à leur usage ; l'élément civil s'émancipe ; c'est à cette époque qu'apparaissent, pour la première fois dans les documents, les architectes laïques ; mais de ceux qui ont échappé à l'oubli, on ne connaît guère que les noms. Ces artistes étaient simplement des ouvriers mieux doués ou plus instruits que leurs camarades, qu'ils dirigeaient. Les cartulaires ou nécrologes les appellent ordinairement « maîtres des pierres ».

Ainsi, au XIIe siècle, l'architecte semblait ne s'occuper que de la pierre : les autres corps de métiers ne relevaient pas de lui. Il était assimilable à celui que nous nommons aujourd'hui, dans un chantier, l'appareilleur, car tous les matériaux lui étaient fournis. Ce n'est que tout récemment, au XVIIIe siècle, qu'intervient l'entrepreneur.

Au XIIIe siècle, qui est sans contredit la plus brillante époque de la monarchie française, les chefs-d'œuvre d'architecture surgissent de toutes parts. L'architecte est nommé le « maître de l'ouvrage ». Robert de Luzarches et Thomas de Cormont à Amiens, Robert de Coucy, Eudes et Pierre de Montreuil, Jean de Chelles, construisent les monuments qui font leur gloire. Plusieurs d'entre eux sont appelés par l'étranger pour diriger ses travaux. Et pourtant ils s'intitulaient modestement alors « maçons du roy », ce qui ne les empêchait pas d'être de grands artistes.

Vers la fin du XIVe siècle apparaît la qualification de « maître de l'œuvre » ou « maître des œuvres ». Ce titre finit par prévaloir et fut employé le plus souvent jusqu'au milieu du XVIIIe siècle.

Le XVe siècle vit naître une quantité considérable de monuments, dont quelques-uns splendides, en Normandie principalement. Un de nos confrères, dans une étude fort bien faite sur l'architecture de cette époque dans nos pays, énumère les édifices parvenus jusqu'à nous, ainsi que ceux des édifices détruits sur lesquels nous avons des données suffisantes. Nous avons eu la curiosité de chercher à évaluer au prix actuel de l'argent, en suivant l'énumération donnée par M. Simon, la valeur pécuniaire et approximative de « constructions » qui, par leur style, appartiennent au XVe siècle.

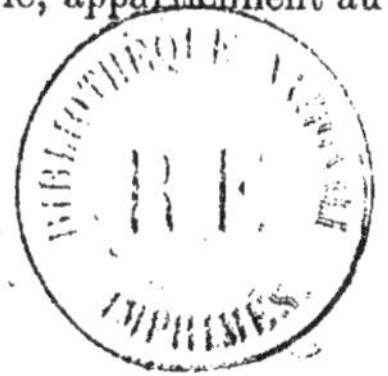

Le total dépasse soixante millions, et cela pour Rouen ou la basse Normandie seulement. Si l'on réfléchit que ce fut le moment des guerres anglaises, des pestes, des famines; si l'on suit, dans un travail de M. de Beaurepaire, le relevé des impôts consentis par les États de la province pour soutenir les frais de la guerre tantôt contre les Français, tantôt contre les Anglais, on se demande de quelle manière ce siècle n'a pas été écrasé sous ses charges; et l'on ne peut que constater l'inépuisable richesse du sol, l'indomptable énergie de ses habitants et l'admirable force morale des Roger Ango et des Roulland le Roux, les « maîtres de l'œuvre » de nos merveilles normandes.

A cette époque, les progrès accomplis par l'outillage n'étaient pas très grands; le transport et la pose des matériaux étaient difficiles; aussi, ceux-ci, en général, étaient-ils de petite dimension. Nous avons cependant, dans l'ancien Palais de Justice, l'exemple de pierres considérables, posées au sommet des pignons extrêmes qui terminent la salle des Pas-Perdus. L'une de ces pierres pèse jusqu'à huit mille livres.

Pour ces masses, les engins ordinaires étaient insuffisants, et trop faibles surtout leurs attaches et leurs points de résistance.

Nos pères avaient alors recours au système qu'employaient les Egyptiens pour construire leurs pyramides : celui du plan incliné. Le maître de l'œuvre, maître Roulland, a édifié un plan incliné sur l'emplacement de la rue voisine : ce chemin aboutit à une plateforme de charpente préparée là haut, sur le pignon, à l'emplacement destiné au monolithe. Certes, le lancement d'une galère aux chantiers royaux de Grandmont est un émouvant spectacle ; mais l'ascension de ces blocs taillés, finis et sculptés n'est pas moins saisissante.

Les compagnons et aides sont tous à leur poste ; les treuils de bois sont chargés ; les cordes, les palans, les amarres, ont été vérifiés une dernière fois ; Jean et Roger Ango, qui, pour le compte de la ville, sont allés chercher la pierre aux carrières de Saint-Leu, assistent maître Roulland. De chaque côté du plan incliné sont des chemins sur lesquels on a chevillé des traverses saillantes pour affermir le pas des hommes. Le moment est solennel. Si le chanvre des cordes est imparfait, si la poignée d'une manivelle casse, si un accident quelconque se produit, la pierre immense se précipitera dans le vide, semant la mort autour d'elle.

Maître Roulland n'en est pas à son coup d'essai ; son expérience est éprouvée. Cependant, c'est avec un léger tremblement dans la voix qu'il lance le signal : « Vire aux treuils. » Ceux-ci font entendre le grincement particulier au frottement du bois sur le bois. Les cordes se tendent : « Halte. » Une hélingue va atteindre une arête ou une partie sculptée. Le chanvre est déplacé ; des paillassons et des matelas amortissent tout frottement nuisible : « Marche. » Et l'on entend un gémissement sourd ; l'énorme masse s'ébranle ; doucement elle gravit la pente, escortée et guidée par les meilleurs « bardeurs. » Maître Roulland ne la quitte pas du regard, suivant ses mouvements avec anxiété. Un premier étage est franchi. Le plan incliné, à cet endroit, change brusquemement de direction et forme un point de rebroussement. L'ascension subit un temps d'arrêt; le jeu des treuils est modifié; mais bientôt la marche reprend son cours

A mesure que l'on monte, la vue s'étend; à côté du Palais se montrent l'église Saint-Lô, puis Saint-Laurent; plus loin, Saint-Ouen et la cathédrale, et Saint-Maclou et vingt autres encore. De tous côtés, sur ces édifices sont des équipes d'ouvriers en plein travail; la ville entière, à cette époque, n'est qu'un immense chantier de construction. Les compagnons échangent des signaux d'un monument à l'autre; ils sentent qu'ils ont des témoins pour applaudir à leur audace. Une émulation très grande règne parmi eux; tous redoublent d'efforts. Les dernières toises sont franchies; le colosse quitte doucement la position inclinée pour rouler sur la plate-forme qui termine le chemin oblique; enfin, il est en place, sans un choc aux sculptures, sans une égratignure aux arêtes. Un cri de joie et de soulagement s'échappe de toutes les poitrines : « Noël! Noël! l'édifice est terminé. »

Et maître Roulland le Roux s'en revint pensif, méditant sur les nouveautés qui déjà, en architecture comme en religion, se faisaient jour de toutes parts. Tout se modifiait; les professions même changeaient de nom.

C'est au XVIe siècle que l'invasion des artistes italiens à Fontainebleau naturalisa la qualification « d'architecte ». L'édition *princeps* de Vitruve, illustrée par Jean Goujon, la contient déjà. Philibert de l'Orme était conseiller du roy et « son architecte ». Celui-ci devenait même le titulaire d'une charge créée pour lui par Henri II : celle de surintendant des bâtiments du roy. Il est vrai que, pour les Tuileries, Catherine de Médicis, convaincue de la supériorité de son sexe (nous nous gardons bien de contester son opinion, nous la constatons), donna la surintendance des travaux à une femme, Mme du Perron ; nous ne pensons pas toutefois que ses talents en architecture lui aient valu la possession de cette charge. Une fonction d'un ordre artistique, c'est-à-dire essentiellement personnelle, devint, comme les autres charges, vénale à son tour. Au siècle suivant, Hardouin Mansart, en 1684, acheta de Gobert l'office d'intendant des bâtiments, jardins, arts et manufactures du roy, et revendit, en 1699, le même office à François Blondel, pour la somme de 130,000 livres.

Ce prix nous montre qu'au XVIIIe siècle, cette fonction devait être fort rémunératrice. En avait-il toujours été ainsi ? Dans les âges précédents, quand le maître de l'œuvre était un maçon ou, beaucoup plus rarement, un charpentier, de quelle manière était-il payé ?

Un salaire quotidien, joint à une indemnité annuelle, tel fut généralement le mode de rémunération adopté pour les architectes. Jean de Bayeux, architecte du chapitre de la cathédrale de Rouen avait une pension (nous traduisons au prix actuel de l'argent) de 3,200 francs outre 15 francs par jour de travail, et 400 pour sa robe.

J. Alorge, qui construisit dans cette ville, en 1396, la porte Martainville, recevait un traitement annuel de 5,862 francs sans robe ; mais l'indemnité pour la robe, pour le costume, était ordinaire. Et, ce qui est plus surprenant, c'est qu'encore aujourd'hui, notre confrère, l'architecte de la ville, à Rouen, possède quelque part, dans ses armoires, un costume superbe. Ce costume se transmet précieusement d'architecte en architecte; M. Chéruel, M. Vachot, M. Sauvageot, le possédèrent successivement. Cet endossement du même uniforme par d'aussi nombreux usufruitiers nous laisse rêveur. On ne pourra, du moins, accuser l'administration municipale de se livrer à de folles prodigalités pour le costume de ses architectes.

Quand les projets de ceux-ci n'étaient pas suivis d'exécution, ou lorsqu'ils avaient mérité une récompense exceptionnelle, il leur était alloué une somme à titre de présent ou d'indemnité gracieuse, sans préjudice de ce qui leur était dû à titre de salaire quotidien ou de traitement annuel. En 1510, Roulland le Roux, architecte du tombeau de Georges d'Amboise, reçut ainsi, comme témoignage de satisfaction, une somme d'environ 1,785 francs (57 livres 10 sous). Un siècle plus tard, Salomon de Caux, en 1618, ayant fait quatre dessins d'un pont projeté pour la ville de Rouen, en fixa le prix à 3,240 francs (600 livres), qui lui furent payés. Il ne put s'entendre, pour l'exécution, avec l'administration municipale; le pont fut fait par Guillaume le Vasseur, qui reçut pour ses honoraires 4,100 livres.

Les architectes, comme de nos jours, recevaient pour leurs voyages des indemnités à part. De Chaume, architecte à Sens, se rendit à Paris, en 1320, pour acheter la pierre destinée aux travaux de la cathédrale; il lui fut payé 215 francs par le Chapitre. Martin Chambiges, qui fut l'architecte, à la fois, des cathédrales de Sens (1489), de Beauvais (1506), de Troyes (1507), pour un voyage de dix jours, de Beauvais à Troyes et à Sens, en 1507, reçut 572 francs. En 1518, Salomon de Caux demandait 171 francs pour chacun de ses voyages entre Paris et Rouen.

Les différents modes de payement usités au moyen âge se retrouvent donc encore aujourd'hui. Toutefois, une immunité d'une nature particulière exista quelquefois au profit des architectes. Quand l'édifice était très important, qu'il s'agissait, par exemple, de la construction d'une cathédrale, les travaux étaient de très longue durée; il était indispensable de posséder un local vaste et spécial, où étaient conservés non seulement les dessins, mais aussi les marchés, les comptes et même les tracés de la grandeur de l'exécution, laquelle se faisait quelquefois attendre pendant un quart de siècle et plus. Ce local, à la disposition du maître de l'œuvre, était appelé la « maison de l'œuvre ». Elle était consacrée exclusivement au service des travaux. Le plus intéressant, à nos yeux, de ces édifices est à Sens ; c'est une jolie construction remontant aux premières années du XVIe siècle. Elle sert encore aujourd'hui de bureau à l'architecte de la cathédrale. Combien de générations d'architectes cette modeste demeure n'a-t-elle pas abritées! C'est là que, dès l'enfance, nous nous sommes trouvé en présence de cette tradition ininterrompue de travail remontant jusqu'aux premiers temps du moyen âge. Involontairement, quand nous entrions dans la grande salle voutée qui servait de bureau à notre père, nous éprouvions pour notre profession une impression de respect saisissante et en même temps pleine de charme. Sur les murs étaient des tracés, des épures, des dessins fort anciens, dont la signification précise nous échappait, mais qui exerçait sur notre esprit une attraction mystérieuse.

Et puis l'enfance ne perd jamais ses droits : au-dessus des bureaux existait un vaste grenier qui était pour nos jeux un lieu d'ébats tout à fait à souhait. Qui ne se rappelle, et ne regrette peut-être, un grenier bien encombré, où le soin apporté à ranger des objets disparates crée une succession de saillies et de creux, de perchoirs et de cachettes où une bande d'enfants peut se livrer pendant des heures à ce jeu qui porte à Sens le nom un peu dur de « cache-cache », et à Rouen, celui tout charmant de « cligne-musette. » Mais peu nous importait le nom : la partie était endiablée ; de temps à autre, quelque pile d'objets s'effondrait avec un bruit de tonnerre ; on relevait les blessés : un joueur avec une bosse au front, un modèle de plâtre avec le nez en moins, un chapiteau avec une volute absente, et la partie recommençait de plus belle.

Qu'elle vive donc, la vieille maison des maîtres de l'œuvre ; tous les souvenirs qu'elle nous rappelle nous sont chers ; elle est le témoin vivant de plusieurs siècles de labeur artistique. Encore aujourd'hui notre frère et notre beau-frère y manient l'équerre et le compas comme au XIIIe siècle Guillaume de Sens le faisait pour y tracer les plans de la cathédrale de sa ville natale et ceux de la cathédrale de Cantorbery, en Angleterre, à la demande de l'archevêque Thomas Becket.

Je vous remercie, Messieurs, de votre bienveillante attention. En présence de l'honneur qui m'est fait aujourd'hui par vous, je tenais à jeter un regard sur notre passé, et à faire revivre à nos yeux la simplicité touchante, mais aussi la grandeur de nos pères; en même temps que l'âme s'en trouve élevée, on se prend à aimer davantage encore son pays et la ville hospitalière assise au bord de son beau fleuve.

L'Athénien s'écriait : « Salut, cité de Cécrops. » Qu'il nous soit permis de dire : « Cité de Rollon, salut! »

---

www.ingramcontent.com/pod-product-compliance
Ingram Content Group UK Ltd.
Pitfield, Milton Keynes, MK11 3LW, UK
UKHW021017220726
13924UKWH00001B/31